Christine Pohl / Katja Ledder

Die Abenteuer von Moppel und Mücke
Im Fußballfieber

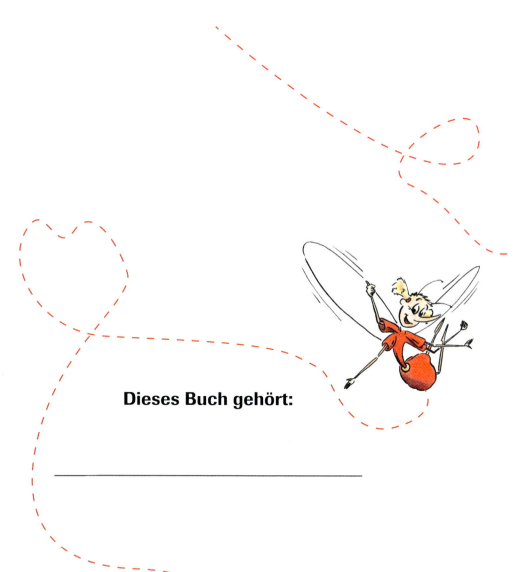

Dieses Buch gehört:

_____

Impressum:

Erstauflage, April 2018
© 2018 Pohlibri Verlag UG (haftungsbeschränkt), Werder (H.)
Alle Rechte vorbehalten.

Autoren: Christine Pohl, Katja Ledder
Idee und Konzeption: Christine Pohl, Katja Ledder
Gesamtgestaltung und Satz: Katja Ledder
Umschlagbild und Illustrationen: Tino Würfel
Lektorat: artcontact pr & marketing
Korrektorat: Maria Kosak
Fotos im Rezept-Teil: Reiner Schmitz
Druck: HavelPrint.de, Werder (Havel)

www.shop.pohlibri-verlag.de
ISBN: 978-3-947319-04-6

In Zusammenarbeit mit der Fußballfabrik, nach Konzept und Philosophie von Ex-Bundesliga-Profi und UEFA-Cup-Gewinner Ingo Anderbrügge.

Ein Titeldatensatz für diese Publikation ist bei der Deutschen Nationalbibliothek erhältlich.

Vorwort	5
Blinde Passagiere	6
Im Fußballcamp	8
Eingesperrt	14
Das Geheimnis	20
Auf Entdeckungstour	24
Metropole Ruhr	28
Nellys Alleingang	34
Moppel ist verschwunden	36
ZOOM Erlebniswelt	38
Safari-Tour durch Afrika	46
Im Fußballfieber	52
Tropenparadies Asien	56
Neue Freunde	60
Übung macht den Meister	64
Selbst ist der Sportler	68
Unglaublich, aber wahr	72
Durch dick und dünn	76
Deutsches Fußballmuseum	84
Volle Kraft voraus	88
Iss dich fit	92
Vom Korn zum Brot	96
Alles ist möglich	102
Ergreifende Worte	108
Camp-Siegerehrung	110
UEFA-Pokal der Tiere	114
Rezept-Teil von Holger Stromberg	120

Vorwort

Nachdem der einst dicke, träge Frosch Moppel die kleine, quirlige und etwas tollpatschige Mücke fast verspeist hatte, wurden sie schließlich allerbeste Freunde.

In unserem dritten Buch lassen sich Moppel und Mücke vom Fußballfieber anstecken und erleben Abenteuer in Nordrhein-Westfalen. Es ist das erste Fußballbuch dieser Art, in Zusammenarbeit mit der Fußballfabrik, nach den Ideen und der Philosophie von Ex-Bundesliga-Profi und UEFA-Cup-Gewinner Ingo Anderbrügge.

Der heutige Fußballtrainer und Inhaber der Fußballfabrik war bei der Entstehung dieses Buches von Anfang an mit dabei. Wer sein Leben kennt, wird ihn in vielen Situationen wiedererkennen. Wie viele vor ihm hat auch er sich von Moppel und Mücke verzaubern lassen. Wir wünschen Euch viel Spaß beim Lesen, Vorlesen und Schmunzeln.

Euer Moppel- und Mücke-Team

Blinde Passagiere

Ein unbekanntes Geräusch reißt Mücke aus ihren Träumen. Sie öffnet langsam die Augen, kann aber nichts sehen, denn es ist stockfinster. Sie will sich aufrichten, sitzt aber fest. »Wo bin ich?«, ruft Mücke ängstlich. Da spürt sie ihren besten Freund Moppel neben sich und wird etwas entspannter. Moppel beginnt, sich zu bewegen. Er reckt und streckt sich. Ihm tut alles weh. Trotzdem streichelt er Mücke sanft über den Kopf. »Quakelaquak, Mückchen, was ist denn los?«, quakt er. »Na du bist ja lustig«, summselt Mücke. »Es ist dunkel, ich kann nichts sehen. Es ist laut, ich bin schon fast taub. Es ist eng, ich kann mich nicht bewegen und weiß nicht, wo wir sind. Da fragst du mich, was los ist?« Moppel kuschelt sich dicht an Mücke heran und quakt beruhigend auf sie ein. »Entspann dich, ich bin doch bei dir. Versuchen wir gemeinsam herauszufinden, wo wir sind und wie wir uns befreien können.« Er stemmt sich gegen eine Stoffwand, während Mücke versucht, langsam ihre Flügel in Bewegung zu setzen. Da hören sie ein

sonderbares Geräusch. Im selben Moment öffnet sich wie von Zauberhand ein knarrender Reißverschluss. Zwei große, leuchtende Kulleraugen schauen Moppel und Mücke erstaunt an.

Im Fußballcamp

»Leute, seht mal, hier hat sich jemand in meiner Sporttasche versteckt!«, ruft Minimenschling Felix. »Pssst! Sei still, sonst entdeckt man uns«, flüstert Moppel ihm zu. Felix schaut genauer hin und schmunzelt. »Moppel und Mücke, ach ihr seid es! Was macht ihr denn in meiner Sporttasche?«, fragt Felix nun erstaunt. Moppel zuckt nur mit den Schultern. Dann schaut er über den Taschenrand auf eine Gruppe kleiner Kicker. Die einen toben durch die Kabine, während andere lautstark diskutieren. »Quakelaquak, daher kommt also der Krach«, bemerkt er. Mücke zeigt fragend auf die schnatternden Minimenschlinge. Felix hockt sich schützend vor seine Tasche, damit seine Fußballfreunde die beiden nicht entdecken können. Er klärt Moppel und Mücke auf: »Ich bin im Ruhrgebiet in einem Camp der Fußballfabrik Ingo Anderbrügge. Wir haben gerade Pause, aber das Training geht gleich weiter.« Moppel und Mücke schauen sich fragend an. »Was ist denn eine Fußballfabrik?«, möchte Mücke wissen. Felix überlegt

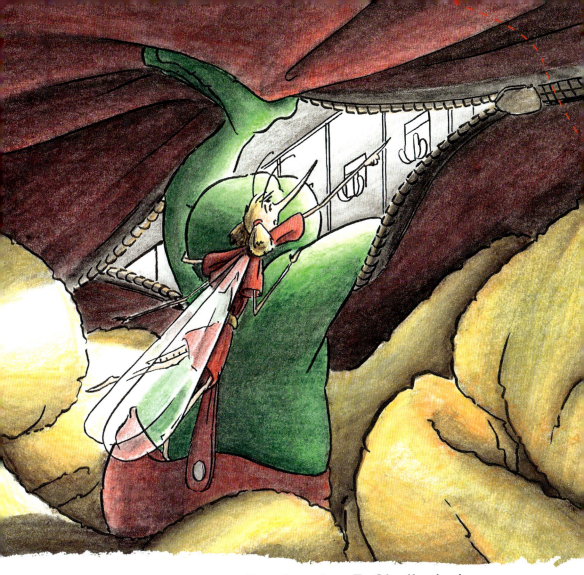

kurz, dann beginnt er: »Das ist eine Fußballschule, bei der man in unterschiedlichen Camps mit vielen fußballbegeisterten Kindern zusammenkommt. Es dreht sich den ganzen Tag alles nur um Fußball, und das mehrere Tage lang. Man lernt viele coole Tricks, misst sich in Wettkämpfen und hat jede Menge Spaß.«

Die anderen Minimenschlinge bekommen von der Unterhaltung der drei nichts mit, diskutieren lautstark weiter und spielen Fangen in der Umkleidekabine. Plötzlich öffnet sich die Tür und Trainer Ingo betritt den Raum. Schnell rennen alle zu ihren Plätzen und es wird still. Felix schnappt sich rasch seine Tasche, wirft sie geräuschvoll in den Schrank und hechtet zu seinen Mitspielern. Flink, wie Mücke ist, hat sie rechtzeitig den Abflug aus der Tasche geschafft. Jetzt sitzt sie oben auf dem Schrank und beobachtet von dort das weitere Geschehen. Ingo mustert seine Camp-Teilnehmer. Noch immer Stille. Dann entspannt sich sein Gesicht. »Tolles Training! Ich bin stolz auf euch. Aber das hier in der Kabine müssen wir noch ein bisschen üben«, hört man ihn schmunzelnd sagen. Birk, der beste Spieler im Camp, wird zehn Zentimeter größer und wartet auf sein Lob, als Ingo weiterspricht: »Und du Birk bleibst nach der Pause erst einmal draußen und siehst dir das Zusammenspiel der anderen an.« Birk versteht die Welt nicht mehr. Seine Mitspieler gucken erstaunt, nicken dann aber zustimmend.

»Aber ich habe doch drei Tore geschossen! Ich war dauernd am Ball! Und, und… ich bin der beste Stürmer!«, entgegnet er. »Genau«, hört man Ingo sagen. »Birk, ich höre immer nur ich, ich, ich, aber Fußball ist ein Mannschaftssport. Hätte Felix dir die Pässe nicht so genau zugespielt und hätten Leo, Niklas und Maxi im Mittelfeld nicht so gut kombiniert, dann wäre dir kein einziges Tor gelungen.«

»Genau«, unterstützt nun Maxi seinen Trainer. Ingo spricht weiter: »Du musst lernen, besser mit den anderen zusammenzuspielen und nicht alles im Alleingang zu machen. Deshalb übernimmt jetzt Nelly deine Position und du schaust einfach mal zu.« Birk ist wütend, aber auch sauer auf sich selbst. Er wirft Nelly einen bösen Blick zu. Er weiß, dass er die Entscheidung seines Trainers akzeptieren muss. Aber das ist schwer zu verdauen. Endlich ist die Pause zu Ende und die Kicker stürmen aus der Kabine hinaus auf den Platz. Mücke folgt ihnen heimlich. »Die sind ja schnell. Verflixt, da muss ich mich ja beeilen!«, surrt sie. Das Training beginnt und Mücke verfolgt aufmerksam das Spiel. Birk ist zwar noch sauer, stellt aber erstaunt fest, wie gut das Zusammenspiel seines Teams klappt und wie recht Ingo mit seinen Worten hatte.

Eingesperrt

Während Mücke gebannt beim Training zusieht, prustet, schnieft und pumpt Moppel in der dunklen Sporttasche. Zu gern wäre auch er den Kickern gefolgt. Nun ist er allein und muss warten bis er endlich befreit wird. Die Luft im Spind wird immer stickiger. Verzweifelt quakt er: »Mückchen, hilf mir! Wo bleibst du denn nur?«

Die neugierige Mücke kann ihn aber nicht hören, da sie der Fußballgruppe gefolgt ist. Sie beobachtet, wie die Kicker übers Spielfeld sprinten, sich gegenseitig den Ball abnehmen, wie sie dribbeln und passen. Nach einer ganzen Weile schallt plötzlich aus den Lautsprecherboxen eine laute, den Kickern bekannte Melodie. Mücke beobachtet, wie sie aus allen Richtungen zu ihren Trinkflaschen rennen. Doch, was macht Felix? Er sprintet an seiner Flasche vorbei in Richtung Kabine. »Hat Felix denn keinen Durst?«, wundert sich Mücke.

Auch Nelly, das fußballverrückte Mädchen in der Truppe, findet sein Verhalten sonderbar. »Felix verlässt die Gruppe ohne Bescheid zu sagen? Komisch. Gerade vorhin sprach doch Ingo davon, dass beim Mannschaftssport die Regeln eingehalten werden müssen. Dazu gehört auch, sich abzumelden, wenn man seine Trainingsgruppe verlässt. Hat er denn nicht zugehört?«

Also meldet sich Nelly vorbildlich beim Trainer ab und läuft Felix hinterher. Sie will wissen, was er vorhat. Dieser rennt wie der Blitz in die Mannschaftskabine zu seinem Spind, reißt die Tür auf, zerrt die Tasche heraus und was Nelly jetzt beobachtet, macht sie sprachlos. »Das wird ja immer seltsamer. Was tut er da?«, murmelt sie. »Spricht er wirklich mit seiner Sporttasche?« Nelly beobachtet ihn eine ganze Weile. Dann macht sie sich langsam Sorgen und spricht Felix schließlich an. »Ist dir nicht gut? Brauchst du Hilfe?« Felix fühlt sich ertappt und läuft knallrot an. Er schleudert die Tasche zurück in den Spind, knallt die Tür zu und stellt sich davor. Seine Gedanken überschlagen sich. Mit Mädchen hat er überhaupt nichts am Hut und nun so etwas. Er überlegt angestrengt, wie er Nelly schnell wieder loswerden kann.

»Miiir geht's guuut«, stottert er. Im selben Moment ertönt aus dem Spind ein klägliches »Quakelaquak«. Felix hüstelt. »Muss mich wohl erkältet haben«, flunkert er. Nelly lässt nicht locker. »Hast wohl einen verzauberten Frosch im Spind, der geküsst und befreit werden möchte?«, kichert sie.

Mücke, die Nelly gefolgt war, sieht, dass Felix in Schwierigkeiten ist und will ihm zu Hilfe eilen.
»Summserummsumm, armer Felix. Was kann ich tun, was kann ich tun? Ich hab's! Ich werde Nelly so lange um den Kopf schwirren und sie ablenken, bis Felix eine Idee hat.« Mücke legt kurz entschlossen ihren Turbogang ein, lässt ihr Summen stärker und gefährlicher als sonst erklingen und schwirrt um Nellys Kopf. Nelly fuchtelt auch gleich mit ihren Armen, um die Mücke zu verscheuchen und peng!, hat sie das Mückchen getroffen. Mücke landet mit kläglichem Gesumme im Ballnetz.
»Autsch. Summserummsumm, das hat man nun davon, wenn man nett sein will. Jetzt tut mir alles weh! Hoffentlich wirft jetzt nicht noch jemand einen Ball hinein, dann bin ich platt!« Ein stechender Schmerz durchzuckt ihren zarten Körper. Und irgendwie kann sie sich auch nicht mehr richtig bewegen. Mücke hat sich in dem Netz total verheddert. Auf diese Art ruhiggestellt, kann sie das weitere Geschehen nur noch als hilflose Beobachterin verfolgen.

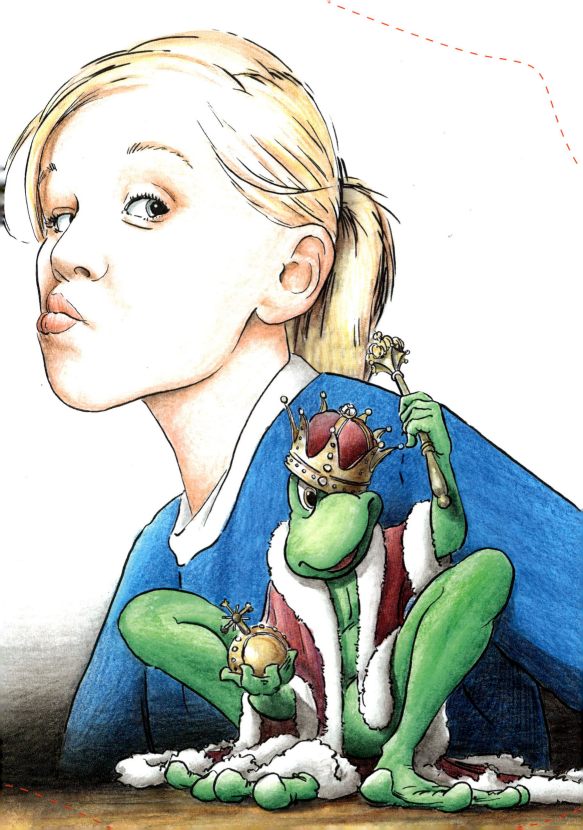

Das Geheimnis

Felix hat das Ganze genau beobachtet und würde Mücke gern helfen. Aber wie soll das gehen, ohne sein Geheimnis zu verraten? Soll er Nelly einweihen? Er kann kaum einen klaren Gedanken fassen und überlegt krampfhaft. »Was mache ich bloß? Mist! Ich kann die beiden doch nicht im Stich lassen. Ich habe keine Wahl«, murmelt er. »Nelly, was ich dir jetzt sage, bleibt unter uns und in dieser Kabine, ist das klar? Versprichst du mir das?« »Klaro!«, antwortet Nelly schnell, denn diesen Satz kennt sie nur zu gut von ihrem Trainer Ingo. Felix atmet tief durch und öffnet geheimnisvoll den Schrank. Da springt mit kläglichem Gequake ein Frosch heraus und landet mit weit aufgerissenen Augen vor Nellys Füßen. Nelly springt erschrocken zur Seite. Dann sehen sich Nelly und Moppel verblüfft an. »Also doch ein verzauberter Frosch?«, fragt Nelly irritiert. »Nein, das ist der Frosch Moppel«, lüftet Felix das Geheimnis und springt schnell zum Netz, um Mücke endlich zu befreien. »Und das hier ist seine kleine Freundin Mücke.«

Nelly steht mit weit aufgerissenen, staunenden Augen da. Ihr fehlen die Worte, was bei ihr äußerst selten vorkommt. Als sie sich etwas erholt hat, ruft sie erstaunt: »Aber das gibt es doch gar nicht!«
Felix nickt nur. »Doch!«, haucht er. »Darf ich vorstellen: Das sind Moppel und Mücke, das außergewöhnlichste Freundespaar aus meiner Heimat Werder an der Havel.« Nelly staunt. Sie kommt ein Stückchen näher heran und betrachtet die beiden genauer.
»Felix, schau doch mal, wie traurig Moppel guckt!«, flüstert sie aufgeregt. Ihre Gedanken überschlagen sich. Dann leert sie rasch den Rest einer Wasserflasche über dem völlig ausgetrockneten Frosch aus. Moppels Augen leuchten erleichtert auf.
»Felix, wir müssen zurück zum Training!«, drängelt Nelly. »Nicht, dass wir zu spät kommen. Die anderen warten bestimmt schon auf uns. Du weißt, auf Pünktlichkeit legt Ingo besonders großen Wert!« Felix nickt und flüstert Moppel und Mücke zu: »Um euch kümmern wir uns später.« Schnell laufen Nelly und Felix zurück zum Fußballplatz. Von nun an sind sie Verbündete und stolz auf ihr gemeinsames Geheimnis.

Auf Entdeckungstour

Erst jetzt kommt Moppel dazu, Mücke genau zu betrachten. »Quakelaquak, Mückchen, wie siehst du denn aus? Dein Stachel ist so gezackt wie ein Blitz.« »Ach, halb so wild. Sieht bestimmt schlimmer aus, als es ist. Das wird schon wieder«, summt Mücke tapfer. »Viel schrecklicher war es, in der dunklen Tasche festzusitzen. Endlich kann ich mich wieder bewegen. Was kümmert mich da der beschädigte Stachel. Meine Flügel sind zum Glück heil geblieben. Aber Moppelchen, du siehst auch nicht gerade fit aus. Bleib du heute einfach hier und erhole dich! Ich versuche inzwischen herauszufinden, was hier in der Gegend so los ist.« Mücke setzt langsam ihre Flügel in Bewegung und ist wenig später aus der Kabine verschwunden. Draußen im Freien hält sie Ausschau nach ihresgleichen. »Summserummsumm. Gibt es denn hier keine Mücken?«, wundert sie sich und schaut sich suchend um. »Sssssss … keiner da?«
Da kommt ihr ein besonders großes Exemplar entgegengeflogen. »Oje, was ist das denn? Eine

Riesenmücke? Sie kommt immer näher. Ach du gezackter Stachel. Eine Libelle! Was mache ich jetzt bloß? Ich will ja nicht als Frühstück in ihrem Magen landen«, denkt Mücke und kann sich vor Angst kaum noch bewegen.

Die Libelle stoppt direkt vor der zitternden Mücke. »Was bist du denn für ein seltsames Mückending?«, fragt die Libelle freundlich. »Guck nicht so entsetzt, ich fresse dich schon nicht. Mücken stehen nicht auf meinem Speiseplan. Es sei denn, sie ärgern mich. Ich bin übrigens Libella. Und wer bist du?«, surrt sie. »Ich bin Mücke«, antwortet Mücke nur kurz. Dann starrt sie Libella weiter entgeistert an. »Was machst du hier überhaupt?«, will Libella wissen.
Mücke, deren Lebensgeister langsam wieder erwachen, fliegt drei Flügelschläge rückwärts, damit ein Sicherheitsabstand zwischen ihr und Libella entsteht. »Ehrlich gesagt, habe ich keine Ahnung, wo ich hier bin. Aber ich möchte diese Gegend gern kennenlernen«, antwortet sie zaghaft. Libella entgegnet stolz: »Kein Problem. Ich kenne mich hier sehr gut aus, kann dir viel zeigen und erzählen. Los, lass uns starten! Jetzt befinden wir uns gerade im nördlichen Teil von Nordrhein-Westfalen, im dicht besiedelten Ruhrgebiet. Unsere Landeshauptstadt ist Düsseldorf, aber die einwohnerreichste Stadt ist Köln.«

Metropole Ruhr

Libella und Mücke fliegen hoch hinaus, steigen höher und höher. Immer wieder blicken sie nach unten. »Schau mal Mücke«, ruft Libella begeistert. »Unter uns, das ist meine Heimat, das Ruhrgebiet. Von vielen wird es noch immer Ruhrpott, Kohlenpott oder einfach Pott genannt.«

»Wieso denn Kohlenpott?«, möchte Mücke wissen. Libella erklärt: »Früher fand man hier in der Erde Kohle, aber das ist schon lange her. Die Menschlinge sind damals extra von weither gekommen, um in unseren Zechen zu arbeiten.«

Mücke macht ein fragendes Gesicht und zeigt auf einen Turm mit Rädern. »Ist das eine Zeche?«, will sie wissen. »Ja«, stimmt Libella Mücke zu. »Dort wurde die tief unter der Erde liegende Kohle abgebaut.« Sie fliegen weiter und sehen unter sich sanfte Wälder, grüne Täler, Flüsse, viele Häuser und etliche Fußballplätze. »Summserummsumm, das sieht ja von hier oben aus wie eine einzige riesige Stadt«, staunt Mücke.

»Es sieht nur so aus, ist aber ein aus 53 Städten zusammengewachsenes Gebiet. Es wird auch als Metropole Ruhr bezeichnet. Sie ist mittlerweile als Industriestadt, Kulturstadt, Hafenstadt, Universitätsstadt und Sportmetropole bekannt. Die kleinste Großstadt innerhalb dieser Metropole ist Bottrop. In den Köpfen vieler Menschlinge existieren häufig noch die Ruhrpott-Bilder von damals - mit rauchenden Schornsteinen und grauen Hausfassaden. Aber das ist längst Vergangenheit. Heute sind es nicht mehr die Zechen und Fördertürme, die Jung und Alt hierherlocken, sondern die Touristenattraktionen, der Sport und die Kultur. Sogar die Zechen und Fördertürme wurden dafür zu Sehenswürdigkeiten umgewandelt. In der Metropole Ruhr leben über fünf Millionen Einwohner auf einer Fläche von 4435 Quadratkilometern. Deshalb ist dieses Gebiet auch das größte Ballungsgebiet Deutschlands und das fünftgrößte Europas«, weiß Libella stolz zu berichten.
»Sssstopp, wie soll man sich das alles merken, Frau Professorin Libella. Nicht so viel auf einmal, mir brummt schon der Schädel. Ich brauche eine Pause«,

stöhnt Mücke. Sie suchen sich ein schönes Plätzchen am Wasser und machen es sich dort gemütlich. »Wieso heißt dieses Gebiet eigentlich Metropole Ruhr?«, möchte Mücke wissen. »Den Namen«, so verkündet Libella weiter, »verdankt es dem Fluss Ruhr, der sich malerisch durch die Landschaft schlängelt. Sieh mal, das Gewässer vor uns, das ist die Ruhr.«

»Aber Mücke, weißt du, was für unser Gebiet besonders typisch ist?«, will Libella wissen.
»Nein, erzähl!«, fordert Mücke sie auf. Libella surrt auch gleich weiter: »Nirgendwo sonst in ganz Deutschland spielt der Fußball eine so große Rolle wie bei uns. Hier gibt es deutschlandweit die meisten Fußballvereine und -stadien sowie die meisten Fußballplätze und Zuschauer. Die bekanntesten Stadien sind die Veltins-Arena in Gelsenkirchen, der Signal Iduna Park in Dortmund, das Vonovia Ruhrstadion in Bochum und das Stadion Essen an der Hafenstraße. Man sagt, Metropole Ruhr ist da, wo der Fußball zu Hause ist.«
»Das kann ich mir gut vorstellen«, sagt Mücke begeistert. »Jetzt wird mir auch klar, warum wir hier gelandet sind, denn Kicker Felix ist extra aus seiner Heimat Werder bei Brandenburg hierher zu einem Fußballcamp angereist.«
Sie bedankt sich bei Libella und fliegt so schnell sie kann zu Moppel zurück, um ihm alles haarklein zu berichten.

Nellys Alleingang

Nach Trainingsschluss ziehen Felix, Niklas, Leo, Birk und Maxi los, um die Tricks auszuprobieren, die sie am Vormittag gelernt haben. Trainer Ingo schaut ihnen hinterher und nickt zufrieden. Nelly hingegen gehen Moppel und Mücke nicht aus dem Kopf.
Zügig kehrt sie zu den Kabinen zurück.
»Ob sich die Zwei in der für sie fremden Umgebung zurechtfinden? Wie es ihnen wohl geht?«, fragt sich Nelly. Am Ziel angekommen, findet sie Moppel jedoch allein vor. »Quakelaquak«, empfängt dieser Nelly.
»Ach herrje«, seufzt sie mitleidig. »Hat das Mückchen dich etwa allein gelassen?«
Wieder ertönt ein klägliches »Quakelaquak«.
»Froschsprache müsste man verstehen können«, nuschelt Nelly. »Jetzt rede ich auch schon mit einem Frosch«, stellt sie erschrocken fest. Sie überlegt angestrengt, dann hat sie eine Idee. Sie holt ihre Brotbüchse aus der Tasche, polstert diese mit feuchten Blättern aus und setzt Moppel behutsam hinein. Dann spricht sie ihm Mut zu: »Moppel, ich glaube, ich weiß,

was du brauchst, nämlich Wasser und Tiere. Das erleichterte »Quakelaquak« bestätigt ihre Vermutung. Zufrieden hält sie die Brotbüchse hoch, schaut Moppel tief in die Augen und verkündet ihren Plan: »Ich bringe dich an einen Ort, der dir gefallen wird.« Sie schnappt sich Moppel und macht sich mit ihm auf den Weg.

Moppel ist verschwunden

Als Mücke gutgelaunt von ihrem Ausflug zurückkommt, ist Moppel spurlos verschwunden. Mücke sucht überall, findet ihn aber nirgends. »Summserummsumm. Wo steckst du nur?«, summt sie verzweifelt. »Vielleicht weiß Felix mehr«, denkt sie. Sie fliegt zu Felix, der immer noch mit seinen Freunden Fußball spielt. Aber auch er hat keine Ahnung, wo Moppel sein könnte. Mücke jammert: »Er kann sich doch nicht in Luft aufgelöst haben! Er kennt sich hier doch gar nicht aus. Nicht, dass ihm etwas zugestoßen ist.« Felix sieht die Verzweiflung in Mückes Augen und folgt ihr. Gemeinsam suchen sie nach Moppel, jedoch ohne Erfolg. »Ach Mückchen, guck nicht so traurig. Wir finden deinen Moppel schon. Lass uns Nelly fragen, vielleicht hat sie eine Idee«, schlägt Felix vor. Nelly lacht nur: »Moppel sucht ihr? Dem geht es gut. Den habe ich nach Gelsenkirchen in die ZOOM Erlebniswelt gebracht. Dort hat er genug Wasser und ist nicht allein, denn dort leben viele Tiere.«

Felix und Mücke sehen sich fassungslos an.
»Aber Nelly, man kann Moppel und Mücke nicht einfach trennen. Sie gehören zusammen«, protestiert Felix. »Komm, lasst uns zu ihm fahren!«
Sie zögern nicht lange, schwingen sich auf ihre Fahrräder und los geht's.

ZOOM Erlebniswelt

Als sie im ZOOM ankommen, flitzen sie schnell durch den Eingang in die Erlebniswelt Alaska. In der Nähe der Eisbären bemerkt Nelly sofort, dass irgendetwas nicht stimmt. Viele Menschlinge lachen laut und schwatzen aufgeregt durcheinander.
»Schau doch mal«, ruft ein Minimenschling kichernd. »Da sitzt ja ein Frosch auf dem Kopf des Eisbären. Das ist ja lustig.« Felix und Nelly sehen sich erschrocken an und sprinten los. »Au Backe«, ruft da Felix auch schon. Er sieht, dass Moppel mit ängstlicher Miene auf dem Kopf eines Eisbären sitzt, genau zwischen dessen Augen. Krampfhaft versucht er, sich am Fell des Bären festzuhalten.
»Das habe ich nicht gewollt«, schluchzt Nelly.
Felix tröstet sie und zeigt auf Mücke, die schon bei Moppel ist. »Spring!«, ruft Mücke ihrem Moppel zu und will ihn ermutigen, ins Wasser zu hüpfen.
Aber Moppel hat im Spiegelbild des Wassers gesehen, in welcher Gefahr er sich befindet und ist wie gelähmt.

Mücke nimmt all ihren Mut zusammen, steuert auf das Nasenloch des Eisbären Bill zu und kitzelt ihn mit ihrem Stachel. Der Eisbär muss daraufhin so kräftig niesen, dass Moppel in hohem Bogen durch die Luft gewirbelt wird. Unsanft landet er auf dem Boden und bleibt direkt vor Nellys Füßen liegen. Mücke ist stolz, dass ihr Plan geglückt und Moppel gerettet ist. Sie atmet erleichtert auf und streichelt Moppel sanft mit ihren Flügeln. Fassungslos beobachten Felix und Nelly dieses Schauspiel, dann nimmt Felix Moppel vorsichtig hoch. »Siehst du, Nelly«, sagt Felix mit ernster Miene, während er Moppel untersucht. Erst als er sicher weiß, dass Moppel unversehrt ist, spricht er weiter: »Jetzt weißt du, warum man die beiden nicht trennen darf.« Nelly nickt. »Ja, einer hilft dem anderen und zusammen sind sie stark«, stellt Nelly kleinlaut fest. »Da wir schon einmal hier sind, habt ihr Lust auf eine Weltreise, bevor wir heute Abend das Fußballspiel Deutschland gegen Mexiko anschauen?«, fragt Nelly versöhnlich in die Runde. »Wie soll denn das gehen? Ich will pünktlich zum Anpfiff des Spiels zurück sein«, gibt Felix zu bedenken.

»Keine Sorge, das bekommen wir hin«, lacht Nelly. »Quakelaquak, mit dem Finger auf der Landkarte oder wie?«, quakt Moppel dazwischen, der sich mittlerweile von seinem Schreck erholt hat. »Ach Moppel, lassen wir uns überraschen«, flüstert Felix ihm zu. Nelly zeigt auf einen Wegweiser und lüftet das Geheimnis.
»Stellt euch vor, mitten im Ruhrgebiet, hier in der ZOOM Erlebniswelt, vereinen sich die Lebensräume ferner Welten: Alaska, Afrika und Asien. Diese bieten mehr als 900 Tieren eine Heimat.« Moppel und Mücke schauen Felix verwundert an. Dieser zuckt nur mit den Schultern.
Nelly schmunzelt. Doch sie lässt sich nicht ablenken und spricht begeistert weiter: »Die Landschaften, in denen die Tiere jetzt hier leben, wurden ihrer natürlichen Umgebung nachempfunden. Lasst sie uns ansehen und die exotischen Bewohner hautnah erleben. Ihr werdet staunen, ohne sichtbare Grenzen und Stallungen werden wir gleich das Gefühl haben, wir seien in Alaska, Afrika oder Asien. Am besten, wir beginnen unsere Weltreise in Alaska, einer Welt der Extreme, denn durch Moppels Eisbärenerlebnis

stehen wir bereits mittendrin.« Mücke wird plötzlich kreidebleich, fliegt zu Moppel und streichelt mit ihren Flügeln sanft sein Gesicht. »Summserummsumm, wenn ich mir überlege, in welcher Gefahr du geschwebt hast.« Alle schauen erstaunt zu Mücke. »Wieso denn das?«, quakt Moppel. Mücke erzählt mit zittriger Stimme: »Ich habe von einer Minimenschlingsgruppe aufgeschnappt, dass der Eisbär eines der größten Landraubtiere der Welt ist. Er kann bis zu 800 Kilogramm schwer und, wenn er sich hinstellt, bis zu drei Meter groß werden.«

Moppel bekommt glänzende Augen und nimmt seine Mücke zärtlich in den Arm. »Ach, mein allerliebstes Mückchen, was wäre ich nur ohne dich.«
Nelly und Felix halten sich beide die Hand vor den Mund und müssen kichern. »Nun aber Schluss mit dem Geschmuse. Lasst uns weitergehen!«, drängt Felix. Gutgelaunt ziehen sie los.
»Den Eisbären haben wir ja bereits kennengelernt, aber das Alaska im ZOOM hat noch viele weitere interessante Tiere zu bieten. Die Erlebniswelt ist ein 1300 Meter langer Abenteuerpfad«, klärt Nelly stolz ihre Freunde auf.
Sie schauen sich um und sehen Elche, Luchse, Wölfe und viele andere Tiere. Ehe sich Felix und Nelly versehen, sitzt Moppel mit Helm und Picke in Sam's Goldmine, um in die Welt der Schatzsucher einzutauchen. Mücke ist ihm dabei behilflich und kämpft sich mit einem Goldklumpen ab. »Kommt, ihr zwei Abenteurer, weiter geht's!«, ruft Felix ihnen gut gelaunt zu. Kurze Zeit später erreichen sie ein weiteres großes Tor.

Safari-Tour durch Afrika

»Summserummsumm, wieso ist hier noch ein Eingang?«, wundert sich Mücke.

»Das ist der Übergang zum nächsten geheimnisvollen Kontinent. Wir machen jetzt eine Safari-Tour durch Afrika«, erwidert Nelly. »Quakelaquak, das ist ja Wahnsinn. Eben noch im wilden Alaska und nun bereits in Afrika«, quakt Moppel freudig und hüpft als Erster durch den Eingang.

»Die Erlebniswelt Afrika gibt über 500 Tieren einen naturnahen Lebensraum. Seht mal, dort vorn läuft der Löwe Bantu. Mit seiner Lebensgefährtin lebt er hier in einer nachgebauten Felslandschaft wie in Namibia.« Kaum ausgesprochen, sehen sie Mücke zu Bantu sausen. Plötzlich ein Knall, ein Schrei und Mücke klebt an der Glasscheibe, die die Löwen von den Menschlingen trennt. »Nicht schon wieder«, seufzt Felix. »Erst Moppel, jetzt Mücke. So geht das nicht weiter. Euch kann man ja keine zwei Sekunden aus den Augen lassen«, schimpft er. Nelly wirft Felix einen vorwurfsvollen Blick zu und legt Mücke vorsichtig in

die Brotbüchse. Währenddessen drückt sich Moppel sein Froschmaul platt und kann sich von den Löwen hinter der Glasscheibe nur schwer trennen. Schließlich schnappt sich Nelly auch Moppel und legt ihn zu Mücke in die Büchse.
»So, jetzt könnt ihr euch erholen und eure Zweisamkeit genießen«, flüstert Nelly ihnen zu.

»Als Nächstes machen wir eine Bootstour mit der African Queen«, schlägt Nelly vor. »Felix, du wirst staunen, denn dort kommen wir dicht an Flusspferden, Flamingos und Pavianen vorbei.« Sie steigen ins Boot und suchen sich ein gemütliches Plätzchen. Vorsichtig legt Nelly die Brotbüchse mit Moppel und Mücke auf ihren Schoß. Um nach ihnen zu schauen, öffnet sie diese einen Spalt. Diesen Moment nutzt Moppel, um zu entfliehen. Er springt auf einen grauen Felsstein und genießt von dort das Panorama. Plötzlich taucht der Stein mit Moppel ab und verschwindet. Nelly unterdrückt nur mühsam einen Aufschrei.
»Was geschieht hier?«, fragt sie besorgt.
»Keine Panik«, hört sie Felix neben sich gelassen sagen. »Aber hat Moppel denn nicht gesehen, dass er sich auf ein Flusspferd gelegt hat?«, fragt Nelly fassungslos. »Selbst wenn«, beruhigt Felix Nelly, »ist ihm das ziemlich egal, denn beim Thema Wasser schaltet sein Gehirn einfach ab.«
»Aber wo ist Mücke?«, fragt Nelly nun verwundert. Sie zeigt auf die geöffnete Brotbüchse und bekommt einen Schreck, denn diese ist leer.

»Unsere beiden Ausreißer«, schüttelt Felix den Kopf. »Nelly, mach dir keine Sorgen, sie tauchen schon wieder auf. Ich bin mir sicher, dass sie uns nachher Spannendes zu berichten haben.« Nach Beendigung der Bootstour rennt Nelly mit Felix weiter, denn sie möchte ihm etwas ganz Besonderes zeigen. »Ist das dort hinten nicht der Torwart des FC Schalke 04?«, ruft Felix plötzlich ganz aufgeregt und hüpft wie ein Flummi durch die Gegend. »Ja, da wollte ich gerade mit dir hin«, erwidert Nelly. »Ralf Fährmann ist öfter hier, denn er hat die Patenschaft für die Roten Varis übernommen. Die kleinen kuscheligen Tiere aus der Familie der Lemuren klettern von Ast zu Ast und sind auf Madagaskar zuhause. Komm Felix, lass uns Hallo sagen.« Das lässt sich Felix nicht zweimal sagen und folgt Nelly glücklich. Sie laufen zu Ralf und rufen schon von weitem: »Hallo Ralf!« Nach dem lauten Ruf dreht sich Ralf um und erkennt Nelly: »Hallo Nelly, Glückauf! Wen hast du denn dabei?«
»Das ist mein Freund Felix aus dem Fußballcamp«, erwidert Nelly.

»Glückauf?«, fragt Felix leise und macht ein fragendes Gesicht. »Glückauf ist die bekannte Begrüßung bei uns im Ruhrgebiet, vor allem unter Schalkern«, erklärt Ralf ihm und klatscht mit beiden ab. »Wow, Fußballcamp hört sich toll an. Dann haben wir ja etwas gemeinsam. Ich liebe auch Fußball und mag Tiere sehr gerne. Heute besuche ich mal wieder meine kleinen Paten«, erzählt er ihnen. Nelly und Felix staunen, dann düsen sie weiter.

Im Fußballfieber

Währenddessen fliegt Mücke über den See und beobachtet Moppel im Wasser. Da sieht sie Libella und fliegt ihr freudig entgegen. »Dummes Mückending«, denkt die Libelle. »So leicht bin ich noch nie zu so einem leckeren Happen gekommen.« Moppel, der das Unglück ahnt, will Mücke mit einem lauten »Quakelaquak« warnen. Doch Mücke fliegt unbeirrt weiter. Gerade noch rechtzeitig lässt Moppel seine lange klebrige Zunge herausschnellen, um Mücke damit in sein Maul zu ziehen. Die Libelle ist verärgert, weil der Frosch schneller war und ihr die Mahlzeit weggeschnappt hat. Bockig düst sie davon. Als die Libelle verschwunden ist, lässt Moppel Mücke vorsichtig frei. »Summserummsumm, geht's noch? Was sollte das denn eben? Verscheuchst meine neue Freundin Libella und frisst mich fast auf?«, schnarrt sie Moppel an.

»Mücke, wie bist du denn drauf? Ich habe dich gerade vor einer Libelle gerettet«, verteidigt er sich.

»Ach, Quatsch, Libella würde mir nie etwas tun«, ereifert sich Mücke.
Plötzlich wird es dunkel über ihnen und ein großer Libellenschwarm kommt auf sie zugeflogen. Nun bekommt es Mücke doch mit der Angst zu tun.
»Summserummsumm, die sehen ja alle gleich aus mit ihrer schwarz-rot-goldenen Lockenpracht. Moppel, ich glaube, du hattest recht. Das war gar nicht Libella. Du hast mich tatsächlich gerettet. Danke Moppel.«
In diesem Augenblick sehen sie, wie eine große Libelle den Schwarm stoppt. »Halt! Was habt ihr vor? Das ist meine Freundin Mücke. Lasst sie in Ruhe und schwirrt ab! Schenkt ihr und ihrem grünen Begleiter lieber zwei eurer Deutschlandperücken, damit sie nachher beim Fußballspiel passend gekleidet sind!«, zischt Libella erbost. Zwei der Libellen nehmen sofort ihre Perücken ab und setzen diese Moppel und Mücke auf. Dann drehen sie ab und fliegen davon. Mücke erkennt Libella und bedankt sich bei ihr. Mit ihren dreifarbigen Perücken geschmückt, machen sich Moppel und Mücke auf die Suche nach ihren Freunden Nelly und Felix.

Tropenparadies Asien

»Hallihallohallöle ihr beiden«, hört Felix Mücke munter rufen. Er schaut sich suchend um, kann aber niemanden entdecken. Im selben Moment fängt Nelly laut zu lachen an und zeigt mit dem Finger auf Mücke, die sich auf einem Wegweiser niedergelassen hat. Dann entdeckt sie auch Moppel, der gerade dabei ist, das Schild hinaufzuklettern. »Ihr seht ja cool aus. Ist bei euch das Fußballfieber ausgebrochen?«, will Nelly wissen. »Fußballfieber? Wir sind nicht krank!«, rufen Moppel und Mücke im Chor und schauen sich erstaunt an. Jetzt muss auch Felix laut lachen. »Fußballfieber hat doch nichts mit Kranksein und Fieber zu tun, sondern ist eine Umschreibung für Fußballbegeisterung. Besonders im Jahr der Weltmeisterschaft werden alle vom Fußballfieber gepackt. So wie ihr jetzt auch«, klärt er die beiden auf. »Los, ihr Ausreißer, lasst uns nun zusammen weiter den Park erforschen«, schlägt Felix vor. »Hier gibt es noch so viel zu sehen.«

Mit leuchtenden Augen spricht nun Nelly weiter. »Jetzt kommen wir zu meinem Lieblingskontinent Asien. Stellt euch vor, die Erlebniswelt Asien bringt auf einer Fläche von sieben Fußballfeldern den Zauber des fernen Ostens zu uns ins Ruhrgebiet«, schwärmt Nelly. »Ich liebe die Sibirischen Tiger, genauso wie die Affen und Kleinen Pandas. Hat jemand Höhenangst? Wir laufen nämlich gleich einen fünf Meter hohen Baumkronenpfad hinauf«, erzählt Nelly.
»Quakelaquak«, lacht Moppel, »lerne ich jetzt auch noch fliegen?«
»Nein, Moppel«, lacht Nelly, dann verstummt sie und starrt Moppel mit riesengroßen Augen an. »Quak das noch einmal!«, fordert sie Moppel auf. »Quakelaquak, lerne ich jetzt auch noch fliegen?«, wiederholt er brav. »Ist ja irre«, hört man Nelly begeistert rufen. »Ich kann Moppel verstehen.« »Summserummsumm, das wird ja auch Zeit«, summt Mücke fröhlich. Nellys Augen werden immer größer. »Endlich verstehe ich die Moppel-und-Mücke-Sprache«, jubelt Nelly begeistert. »Cool, dann ist ja jetzt einiges einfacher«, lacht Felix. »Aber wie ist denn das nur möglich?«, wundert sich

Nelly. Felix tut sehr wichtig, dann sagt er. »Das kommt daher, weil auch du etwas ganz Besonderes bist und dich auf dieses Abenteuer mit uns eingelassen hast.«
Nelly freut sich und bekommt rote Wangen.
Oben angekommen genießen sie zusammen den Panoramablick über die grüne Erlebniswelt mit dem 5.420 Quadratmeter großen Asien-See und den Inseln mit den Orang-Utans.

Neue Freunde

Nach dem ereignisreichen Tag im ZOOM und einem spannenden Fußballabend im Camp, ruht sich Moppel am nächsten Morgen am Rande des Fußballfeldes aus. Er betrachtet das muntere Treiben der Fußballer und ist begeistert, wie viel Spaß alle an dieser Sportart haben. Seit dem gestrigen Abend hat nun auch Moppel endgültig das Fußballfieber gepackt.

Mit Schwung kickt er eine Kastanie in ein Loch, das er am Rand des Fußballfeldes zum Üben entdeckt hat. Ein knurrendes Geräusch lässt ihn abrupt innehalten. Er sieht, wie zwei graue Fellohren aus dem Loch sprießen.

»Geht's noch? He, das tat weh!«, hört er jemanden meckern. Im gleichen Moment springt aus dem Loch ein Wildkaninchen. Ihm folgen elf weitere.

»Quakelaquak, das wollte ich nicht«, entschuldigt sich Moppel. Das getroffene Kaninchen sieht Moppel neugierig an. »Schon gut, ist ja nichts weiter passiert«, grummelt es.

»Ich bin Kalle Kaninchen und das hier ist meine Familie. Und wer bist du?«

»Ich bin Moppel, der Frosch«, stellt er sich zaghaft vor. Die anderen Kaninchen betrachten ihn von allen Seiten und umzingeln ihn schließlich.

»Was machst du hier so allein auf unserem Bolzplatz?«, will Kalle Kaninchen nun wissen.

Moppel räuspert sich und erzählt seine Geschichte. Die Kaninchen spitzen ihre langen Ohren, staunen und stellen neugierige Fragen.

Von Kalle erfährt Moppel, dass er mit seiner Familie hier unter dem Fußballplatz lebt und sie alle gern Fußball spielen.

»Wir wollten gerade ein Spiel machen. Willst du eine Runde mitkicken?«, fragt Kalle.

Moppel zögert, er möchte zwar gern, traut sich aber nicht. »Na, worauf wartest du denn noch? Willst du oder willst du?«, drängen die Fellohren ungeduldig, die endlich anfangen wollen. Sie sind gespannt auf ihren neuen Mitspieler. Moppel nimmt all seinen Mut zusammen und das Spiel beginnt.

Übung macht den Meister

Schnell ist man sich einig und teilt Moppel einem Team zu. »Carlos ist euer Mannschaftskapitän. Er hält die Zügel eurer Mannschaft in den Pfoten«, legt Kalle fest. »Ich bin Schiedsrichter und du Moppel spielst im Mittelfeld«, fügt er hinzu. »Nun lasst uns beginnen und Spaß haben.« Anfangs läuft alles wie geschmiert. Moppel legt sich mächtig ins Zeug und freut sich, als es ihm gelingt, den Ball ins Tor zu schießen. Doch hoppla? Was ist das? Kalle Kaninchen klopft plötzlich mit der rechten Hinterpfote hektisch auf den Boden und unterbricht damit das Spiel. Er zieht das gelbe Ahornblatt, zeigt wütend auf Moppel und winkt ihn zu sich heran. »Quakelaquak. Was ist?«, fragt Moppel ahnungslos. »Moppel, so geht das nicht«, beginnt Kalle das Gespräch. »Schon mal etwas von Fairplay gehört? Das heißt soviel wie faires Spielen. Jeder sollte auf jeden Rücksicht nehmen und die Fußballregeln einhalten.« Moppel sieht ihn fragend an. »Schau dich um! Drei Fellohren hast du umgehüpft und ihnen dabei wehgetan. Das geht gar nicht!«

»Du kannst nicht einfach wild drauflosstürmen, ohne Rücksicht auf die anderen zu nehmen. In einer Mannschaft spielt man mit seinem Team zusammen. Das heißt abspielen, zuspielen und miteinander spielen. Außerdem gibt es Regeln beim Fußball, die eingehalten werden müssen, sonst gäbe es auf dem Platz ein wirres Durcheinander.«

Moppel wird immer kleiner und rutscht schließlich fast in den Kaninchenbau. »Hiergeblieben!«, ruft Kalle. »Ich bin noch nicht fertig. Die gelben und roten Blätter sind bei uns, wie bei den Menschlingen, die gelben und roten Karten. Gelb heißt Verwarnung! Rot heißt Platzverweis! Wir besprechen jetzt ein paar Regeln und dann probieren wir es erneut.«

Nach einer kurzen Einweisung geht es dann auch direkt weiter. Moppel, der in dieser Runde im Tor eingeteilt ist, gibt sein Bestes. Kalle nickt ihm aufmunternd zu und schmunzelt, denn Moppel ist ein guter Hüpfer. Er ist voll konzentriert und versucht, alles richtig zu machen. Kalle weiß, dass aller Anfang schwer ist und dass selbst der größte Fußballprofi einmal ganz klein angefangen hat.

Selbst ist der Sportler

Ungeduldig wartet Mücke in der Kabine auf Moppel. »Summserummsumm, wo er nur bleibt? Wie lange soll ich hier noch warten?«, summt Mücke. Sie ist erstaunt, als Moppel völlig k.o. und außer Puste angeschlichen kommt. »Wo kommst du denn her?«, will Mücke wissen. Erschöpft, aber glücklich, berichtet Moppel von seinem ersten Fußballerlebnis mit den Kaninchen. Stolz zeigt er sein Fußballtrikot, das er von ihnen bekommen hat. Dann rümpft er die Nase. »Quakelaquak, was müffelt hier denn so? Warst du wieder im Müllauto eingesperrt?«, neckt er Mücke. »Das ist nicht lustig. Daran möchte ich nicht erinnert werden«, faucht Mücke. Nur ungern denkt sie daran, wie sie einst im stinkenden Müllauto gefangen war. »Aber diesmal bin ich es nicht«, flüstert sie Moppel ins Ohr und zeigt auf einen Jungen, der gerade zwei schmutzig, dampfende Fußballschuhe aus seiner Sporttasche auspackt. Dann hören sie ihn auch schon wie einen Rohrspatz schimpfen: »So ein Mist. Meine Schienbeinschoner fehlen. Mama hat vergessen, sie

einzupacken.
Und wie sehen
meine Schuhe denn
überhaupt aus? Und wie die
stinken. Igitt!«

Birk hält sich seine Nase zu und sucht weiter. Nicht nur Moppel und Mücke haben dieses Schauspiel beobachtet. Auch Trainer Ingo, der gerade die Kabine betreten hat, schüttelt nur mit dem Kopf. Schließlich setzt er sich zu Birk auf die Bank. Als sich Birk etwas beruhigt hat, legt er ihm seine Hand auf die Schulter. »Sag mal Birk, wer spielt denn hier eigentlich Fußball? Du oder deine Mama?«, fragt Ingo ihn schmunzelnd. »Na ich!«, antwortet Birk kleinlaut. »Hast du schon einmal mitbekommen, dass die anderen Kicker auch so über ihre Mütter schimpfen? Du weißt doch am besten, was in deine Sporttasche gehört. Und sieh dir mal deine Schuhe an. Da klebt ja noch der Schmutz vom letzten Spiel dran. Selbstständigkeit und Sauberkeit gehören zum Fußball wie der Kapitän zur Mannschaft. Auch dass du nach dem Training duschen gehst, ist selbstverständlich«, hört man Ingo sagen. Das leuchtet Birk ein. Ingo klopft ihm aufmunternd auf die Schulter. »Übrigens, die Duschen sind dort hinten links und vergiss deine Badelatschen nicht!«, rät Ingo ihm und verlässt die Kabine.

Unglaublich, aber wahr

Am Nachmittag sitzen Nelly und Felix gemeinsam mit Moppel und Mücke gemütlich auf einer Bank. »Nelly, darf ich dich mal was fragen?«, beginnt Felix zögerlich das Gespräch. »Mach doch!«, erwidert Nelly und streicht mit dem Finger über Moppels Kopf, während Mücke gemütlich auf ihrer Schulter sitzt. »Kennst du den Trainer Ingo eigentlich schon länger?«, will Felix wissen. Nelly kann sich ein Grinsen kaum verkneifen. »Kann man so sagen!«, antwortet sie deshalb nur. Felix lässt nicht locker. »Wo hast du ihn zum ersten Mal getroffen und seit wann kennt ihr euch?«, möchte er wissen. Nelly muss sich das Lachen verkneifen. Dann antwortet sie mit einem Schmunzeln im Gesicht: »Seit meiner Geburt!« Felix guckt verdattert. »Mensch Nelly, sag schon, wie habt ihr euch kennengelernt! Mich interessiert das wirklich.« Nelly unterbricht das Kraulen auf Moppels Kopf und antwortet mit Lachtränen in den Augen: »Ich konnte es nicht verhindern. Unser Trainer Ingo ist mein Vater.« Felix starrt Nelly fassungslos an.

»Wow! Dein Vater?!«, ruft er baff. »Da hast du ja immer jemanden, der mit dir Fußball spielt. Wie cool ist das denn?« Alle müssen kichern. »Wenn es auch nicht immer einfach für mich ist«, gesteht Nelly. »Manchmal ist er schon echt peinlich.«

»Wieso das denn?«, will Felix wissen. Nelly antwortet: »Zum Beispiel, wenn er ›Flitzpiepe‹ oder ›Bratwurst‹ zu den Kickern sagt, was er natürlich witzig meint, ich aber nicht witzig finde.« Nun muss Felix laut lachen. »Ach, Nelly, ich war auch schon einmal die ›Flitzpiepe‹ und fand das lustig, da Ingo so einen schelmischen Blick draufhatte und ich an diesem Tag mit meinen Gedanken ganz woanders war.«

»Eine Frage habe ich noch«, hakt Felix nach. Nelly schaut erwartungsvoll. »Frag«, sagt sie nur. »Was sagt eigentlich deine Mama dazu, wenn sie zwei Familienmitglieder hat, bei denen sich alles nur um Fußball dreht?« »Ach meine Mama ist da ganz cool. Sie ist ja auch fast immer mit dabei. Sie und mein Vater haben die Fußballfabrik nach dem Motto ›Training. Lernen. Leben.‹ aufgebaut. Aber das ist schon lange her, da gab es mich noch gar nicht. Wir lieben halt alle Fußball und das finde ich gut so.«

Durch dick und dünn

Zwischen Nelly und Felix hat sich im Camp eine Freundschaft der ganz besonderen Art entwickelt. Wenn sie beide nicht gerade Fußball spielen, erleben sie mit Moppel und Mücke gemeinsam die wundervollsten Abenteuer in der Metropole Ruhr. Morgen jedoch steht für alle Camp-Teilnehmer ein Überraschungsausflug an. Alle sind bereits sehr aufgeregt. Die Kicker spekulieren wild, wohin die Reise wohl gehen soll. Moppel und Mücke sind außer Trainer Ingo die Einzigen, die das Reiseziel kennen. Durch Zufall haben sie ein Gespräch mitbekommen und wissen, dass es ins Deutsche Fußballmuseum nach Dortmund geht. Als sie auf dem Weg zum Sportplatz sind, hören sie Felix sagen:
»Moppel und Mücke bleiben diesmal im Camp!«
Nelly ist fassungslos. »Aber wieso denn? Das ist unfair. Die beiden wollen bestimmt auch mitkommen«, erwidert Nelly aufgebracht. Felix schüttelt den Kopf: »Es tut mir leid und ist nicht böse gemeint, aber du weißt doch, wie sie sind.«

Nelly starrt Felix entsetzt an und erwidert:
»Eben, sie sind beide zuckersüß, deshalb verstehe ich dich nicht.«
»Nelly, das ist zu gefährlich für die Zwei. Ich wäre sehr traurig, wenn ihnen irgendetwas zustößt. Wir nehmen sie nicht mit. Das ist mein letztes Wort«, erwidert Felix, dreht sich um und geht. Nelly ist enttäuscht, akzeptiert aber seine Entscheidung. Da entdeckt sie Moppel und Mücke. »Auweia, habt ihr etwas von unserem Gespräch mitbekommen?«, fragt sie besorgt. Moppel nickt traurig, zieht den Kopf ein und verkriecht sich. Mücke fliegt weinend davon. »Summserummsumm, das ist nicht fair«, winselt sie. Spätabends brüten Moppel und Mücke über einem Plan, wie sie doch noch mitreisen können. »Ich kann fliegen, aber was machen wir mit dir?«, fragt sie Moppel. »Hast du eine Idee?«, quakt Moppel. Mücke überlegt. »Was ist, wenn du einfach in Nellys Hosentasche springst und blinder Passagier spielst? Wenn alles gut geht, bemerkt Nelly dich nicht«, schlägt sie vor. »Und was ist, wenn doch?«, fragt Moppel zweifelnd. »Dann benutzt du das

Zauberwort ›Bitte‹ und schaust Nelly dabei ganz tief in die Augen«, rät Mücke schmunzelnd. »Dann kann sie dir bestimmt nicht widerstehen.«
»Guter Plan. Einen Versuch ist es wert«, muss Moppel quakelnd zugeben. Gesagt, getan. Während Mücke am nächsten Morgen bereits auf dem Weg ins Deutsche Fußballmuseum ist, gelingt es Moppel tatsächlich, unbemerkt in Nellys Hosentasche zu schlüpfen.

Als Felix und Nelly sich von Moppel und Mücke verabschieden wollen, sind beide spurlos verschwunden. Felix macht ein enttäuschtes Gesicht. »Schade«, murmelt er. Nelly schaut ihn an und sagt aufmunternd: »Die Zwei sind bestimmt schon wieder unterwegs und erleben ihre eigenen Abenteuer.« Schließlich flitzen sie zu den anderen, die immer noch rätseln, wohin die Reise gehen wird. Trainer Ingo gesellt sich dazu und verkündet die frohe Botschaft: »Ihr habt lange genug gewartet und spekuliert. Dann werde ich jetzt endlich das Geheimnis lüften. Wir fahren heute ins Deutsche Fußballmuseum nach Dortmund.« Alle jubeln und sind außer Rand und Band. Sie steigen in den Bus und die Reise beginnt. Derweil sitzt Moppel still in Nellys Tasche. Die Stimmen der Menschlinge hört er nur sehr leise. »Quakelaquak, was macht Nelly denn jetzt?«, brubbelt Moppel und weicht ihrer Hand aus. Mit Entsetzen muss er feststellen, dass Nelly sich ein Taschentuch in ihre Hosentasche steckt und er jetzt noch weniger versteht als vorher.

Zum Glück wird er nicht entdeckt. Nur gedämpft hört er die Begeisterung aus den Stimmen der Kicker. »Quakelaquak, wir sind bestimmt schon da. Ich möchte auch etwas sehen«, grummelt Moppel vor sich hin. Er schiebt sich ganz vorsichtig an den Rand der Hosentasche und schielt hinaus. Die Gruppe nähert sich einem gläsernen Gebäude. »Das muss es sein«, murmelt Moppel. Am Ziel angekommen, zieht Nelly das Taschentuch wieder aus ihrer Hosentasche, um sich ihre Freudentränen abzutupfen. Ein klatschendes Geräusch und ein quakender Aufschrei lassen sie zusammenzucken. Zwei große Froschaugen schauen sie an. Als Nelly Moppel erkennt, nimmt sie ihn sofort schützend in ihre Hand. »Mensch, Moppel! Was machst du denn hier? Wie soll ich das Felix erklären?«, flüstert sie verzweifelt. »Brauchst du nicht«, hört sie hinter sich die Stimme von Felix sagen. Nelly bekommt Schweißperlen auf der Stirn. Felix legt beruhigend die Hand auf ihre Schulter. »Tut mir leid, was ich gestern Abend gesagt habe. Ich wollte Moppel und Mücke nicht ausgrenzen.«

Deutsches Fußballmuseum

Es dauert nicht lange, da kommt auch Mücke angeschwirrt und setzt sich auf Moppels Kopf. Felix muss schmunzeln und fängt laut an zu überlegen: »Hm, und was machen wir jetzt mit euch?« Moppel schaut die beiden mit großen Augen an und quakt bettelnd: »Bitte, nehmt uns mit rein!«
»Okay. Aber ihr macht keinen Blödsinn und fasst nichts an!«, sagt Felix bestimmend. »Vermiest mir bloß diesen Tag nicht. Ich wollte schon so lange in dieses Museum. Hier bekomme ich bestimmt Antworten auf alle meine Fragen. Ich möchte wissen, wie sich der Ball von 1954 anfühlt. Auch möchte ich unbedingt dem WM-Pokal ganz nah sein und mich einmal fühlen wie ein Weltmeister.« Nelly unterbricht ihn. »Und ich möchte einmal im WM-Bus sitzen und dir in der Ausstellung unbedingt die Trophäe zeigen, die mein Vater Ingo mit den Schalker Eurofightern gewonnen hat. Nun aber los, die anderen warten schon auf uns«, beendet Nelly ihre Rede. Sie setzt Moppel zurück in ihre Hosentasche. Dann rennen sie zu ihrer Gruppe,

von der sie schon erwartet werden. Die Führung mit der Museumspädagogin beginnt mit einer Erlebnistour durch die Höhepunkte der deutschen Fußballgeschichte. »Nachdem wir nun eine spannende 90-minütige Entdeckungsreise durch 140 Jahre Fußballgeschichte erlebt haben, im 3D-Kino und sogar im WM-Bus gesessen haben, wollt ihr doch nun sicher erfahren wie es sich anfühlt, Weltmeister zu sein?«

Alle schauen erwartungsvoll und nicken zustimmend.
»Deshalb kommen wir jetzt zum Höhepunkt unserer
Tour und inszenieren noch einmal die Siegerehrung
der Weltmeisterschaft von 2014 in Rio de Janeiro.«
Die Augen der Kicker fangen an zu leuchten. Die
nachgestellte Siegerehrung beginnt mit einem Knall,
woraufhin goldenes Konfetti durch die Luft gewirbelt
wird. Dicht vor ihnen, zum Greifen nahe, steht er: der
wertvolle WM-Pokal. Es ist ein magischer Moment,
bei dem sich jeder Einzelne als Weltmeister fühlt.
Feierlich erklingt dazu die Hymne der Champions.
Plötzlich stockt Felix der Atem und er wird aus seinem
Traum gerissen. Er stupst Nelly an und zeigt auf den
Pokal. »Nelly, was macht denn Mücke dort?«, fragt
er fassungslos. Auch Nelly ist entsetzt. Mücke sitzt
entspannt auf dem Pokal und betrachtet bewundernd
ihr Spiegelbild. Noch ehe Felix und Nelly eingreifen
können, wird Mücke von goldenem Konfetti getroffen
und fällt taumelnd zu Boden. Moppel, der alles
beobachtet hat, hüpft aus der Tasche, um Mücke zu
helfen. Nelly bückt sich, nimmt die beiden rasch auf
und versteckt sie vorsichtig in ihrer Hosentasche.

»Ich wusste, dass irgendetwas passiert«, murmelt Felix leise vor sich hin. »Zum Glück hat niemand etwas mitbekommen und Mücke hat sich nicht verletzt«, flüstert Nelly Felix beruhigend zu. Die Aufregung ist schnell vergessen, denn der Pokal zieht sie erneut in seinen Bann und versetzt beide zurück in ihre Traumwelt. Nach diesem emotionalen Finale und vielen magischen Momenten reisen alle glücklich zurück ins Camp.

Volle Kraft voraus

Ein neuer Trainingstag beginnt. Während die Kicker dribbeln, flitzen und sich gegenseitig die Bälle zupassen, beobachtet Trainer Ingo sein Team ganz genau. »So geht das nicht«, murmelt er. Auch Mücke, die auf Ingos Kragen sitzt, ist verwundert.
Erwin, ein großer, kräftiger Spieler, der sehr stark begonnen hat, schleicht plötzlich wie eine Schlaftablette über das Spielfeld. Während Felix begeistert bis zum Schluss wie eine Rennmaus über den Platz flitzt. »Wie ist das nur möglich?«, fragt sich Mücke. Das Spiel wird abgepfiffen und Ingo nimmt seine Spieler in Empfang. Die Kicker blicken ihren Trainer erwartungsvoll an. Er schaut in die Runde und beginnt. »Tolles Spiel. Erwin, ich weiß, dass du ein starker Spieler bist, aber heute hast du nicht alles gezeigt, was in dir steckt. Da geht noch mehr. Du hast so stark begonnen, aber zum Schluss bist du nur noch über das Spielfeld geschlichen und hattest bei allen Zweikämpfen keine Chance.«

»Ich weiß auch nicht, was los war«, stammelt Erwin. »Es fing alles so gut an.« Ingos Gesicht hellt sich auf. »Aber ich weiß, woran es lag und was los ist«, sagt er. »Du hattest einfach keine Kraft mehr. Ich habe euch heute Morgen beim Frühstück beobachtet und da ist mir Folgendes aufgefallen. Während Felix vom gesunden Buffet genommen hat, hast du nur Süßes gegessen und somit nicht langfristig die nötige Energie getankt.« Erwin guckt Ingo mit großen, erstaunten Augen an. »Aber ich habe doch drei Schokoladenbrötchen gegessen«, rechtfertigt er sich. »Das war dann wohl nicht das Richtige«, stellt Ingo fest. »Die Batterie deines Körpers war leer. Ich habe da eine Idee. Wir treffen uns nachher um 12 Uhr vorm Speisesaal, aber pünktlich!«, betont er. Mücke hat genug gehört. Das muss sie unbedingt Moppel erzählen. Punkt 12 Uhr steht die gesamte Mannschaft vor dem Speisesaal. Trainer Ingo ist begeistert über die Pünktlichkeit der Kicker. Er bemerkt nicht, dass auch ein Frosch und eine Mücke mit in den Saal huschen.

Iss dich fit

»Heute«, so beginnt Ingo, »habe ich mir Verstärkung vom Ernährungscoach und Weltmeister-Koch Holger Stromberg geholt. Er hat von 2007 bis 2017 für die Deutsche Fußballnationalmannschaft gekocht und möchte euch erklären, warum die Ernährung beim Sport wichtiger ist als ihr vielleicht denkt.« Er schaut in neugierige Gesichter. Holger räuspert sich und beginnt. »Stellt euch vor, in eurem Körper befindet sich eine Batterie. Ist sie leer, könnt ihr keine Leistung mehr bringen. Ihr werdet schlapp und kraftlos. Ist doch logisch oder?«, fragt Holger in die Runde. Als niemand antwortet, spricht er weiter: »Also müsst ihr wieder neue Energie aufnehmen.«

»Wie soll das denn gehen? Ich kann meinen Körper ja schlecht mit einem Ladekabel aufladen«, unterbricht Birk und alle fangen herzlich an zu lachen.

»Schöne Idee, aber leider ist das so nicht umsetzbar. Wir laden unseren Körper auf, indem wir ihn mit vollwertiger, bunter und abwechslungsreicher Kost versorgen. Diese steigert eure körperliche und geistige

Leistung«, entgegnet Holger. »Und was hat das mit Fußball zu tun?«, fragt Birk vorlaut. »Gute Ernährung allein schießt zwar noch keine Tore, aber sie hilft leistungsfähiger zu sein. Zudem sinkt das Risiko von Sportverletzungen und die Konzentrationsfähigkeit steigt«, erwidert der Ernährungsexperte. »Auch ausreichend Flüssigkeit ist sehr wichtig. Beim Sport wird viel ausgeschwitzt und das muss wieder aufgefüllt werden, damit alle Funktionen im Körper reibungslos ablaufen können. Am besten eignet sich Wasser. Aber auch Saftschorlen bieten sich wegen des besseren Geschmacks an. Ich gebe euch die 11 goldenen Ernährungsregeln mit an die Hand. Damit fällt es euch im Alltag und beim Sport leichter, die richtigen Lebensmittel und Getränke auszusuchen.

Bevor ihr mit Ingo noch eine Runde kicken geht, basteln wir nun zusammen einen leckeren Obst- und Gemüsepokal«, sagt er abschließend. Er holt verschiedene Obst- und Gemüsesorten herein und 20 Minuten später ist der Pokal fertig. Mücke staunt. »Summserummsumm, schau doch mal Moppel, das sieht aber köstlich aus. Ob wir da mal naschen dürfen?«, fragt sie. »Quakelaquak, das geht nicht. Lass das!«, ruft Moppel. Doch Mücke ist unbelehrbar und bereits verschwunden. Flink stibitzt sie sich eine kleine Weintraube aus dem Pokal. Die Folgen sind verheerend, denn das mühsam aufgeschichtete Obst und Gemüse kommt ins Wanken und droht einzustürzen. Blitzartig springt Nelly an Mückes Seite, nimmt ihr die Traube ab und stopft diese wieder in das entstandene Loch. »Das geht so nicht«, fährt sie Mücke an, die daraufhin beleidigt davonschwirrt. Nachdem alle vom selbstgemachten Obst- und Gemüsepokal naschen durften und sich mit großem Applaus vom Ernährungscoach verabschieden, geht es gestärkt und voller Elan zurück auf den Platz zum Kicken.

Vom Korn zum Brot

»Quakelaquak, das ist ja komisch«, wundert sich Moppel. »Mit der wertvollen Ernährung der Menschlinge, das leuchtet mir ein. Aber wo und auf welchen Bäumen wächst denn nun das Brot?«, will er von Mücke wissen. »Summserummsumm, das weiß ich doch auch nicht«, erwidert diese ratlos.
Nelly und Felix, die etwas abseits stehen, kringeln sich vor Lachen. »Ihr müsst aber noch viel lernen«, kichert Felix, der plötzlich vor ihnen steht. »Brot«, so beginnt er, »ist ein Menschlingsding. Es wächst nicht einfach irgendwo. Schon gar nicht auf Bäumen. Deshalb habt ihr auch noch nie einen Brotbaum gesehen.«
Nelly übernimmt das Wort und spricht weiter.
»Brot wird in einer Bäckerei hergestellt. Ein Bäcker muss im Backofen das Brot backen. Dann kann man es später in der Bäckerei oder im Supermarkt kaufen.«
Mücke wird ganz zappelig. »Und was ist in so einem Brot drin?«, summt sie fragend. Nelly überlegt kurz. »So genau weiß ich das auch nicht«, muss sie eingestehen. »Aber ich kenne da jemanden, der es

ganz genau weiß. Herr Hövelmann hat viele Backläden hier im Ruhrgebiet. Man kennt sie unter dem Namen ›Die Kleine Bäckerei‹.« Nelly schaut zu Felix und spricht weiter.

»Lasst uns zu ihm gehen. Er kann unsere Fragen bestimmt beantworten und uns zeigen, wie ein Brot entsteht.« Felix schaut Moppel und Mücke an. »Aber ihr Zwei haltet euch heute zurück. Nicht dass man euch entdeckt. Und keine Extratouren! Ist das klar?«

»Oberklar«, summt Mücke gut gelaunt. Kurze Zeit später sind sie in der Bäckerei angekommen. Dort herrscht reges Treiben. Es duftet köstlich nach frischem Brot. Nelly muss sich mächtig ins Zeug legen, um an Bäcker Hövelmann heranzukommen. Schließlich klappt es. Er wundert sich, als er die zwei Kinder mit fragenden Gesichtern vor sich stehen sieht. »Hallo Nelly. Was liegt an?«, will er freudig wissen. Als Nelly ihr Anliegen vorbringt, leuchten seine Augen. Er freut sich, dass die Kinder solch ein Interesse am Backhandwerk haben. »Wartet hier«, sagt er und kommt kurze Zeit später mit zwei weißen Schürzen und zwei Bäckermützen zurück. »Die braucht ihr«, lacht er, als er in zwei verdutzte Gesichter sieht. »Sauberkeit ist auch im Backhandwerk sehr wichtig. Derweil ihr jetzt eure Hände gründlich wascht, bereite ich etwas vor«, sagt er und ist verschwunden.
Wenig später holt er Nelly und Felix in die Backstube. »Ihr wollt also wissen, wie Brot entsteht? Hm…«, schmunzelt er und zeigt auf verschiedene Kornhäufchen. »Daraus wird Brot gemacht.«
Beide schauen ihn mit fragenden Augen an.

»Wie?«, quakelt Moppel, der sich in Nellys Hosentasche befindet. Er bekommt von Nelly, die ihn zur Ruhe bringen möchte, einen leichten Stups verpasst. »Wie soll das gehen?«, summt nun auch Mücke. »Psssst!«, zischt Nelly in Richtung Tasche, die Angst hat, dass die Zwei entdeckt werden. Herr Hövelmann hat glücklicherweise nichts von den beiden mitbekommen und erklärt nun geduldig die Herstellung des Brotes. »Mal ganz einfach gesagt. Die Körner werden zu Mehl gemahlen. Dieses wird mit Wasser und anderen Zutaten gemischt. Daraus entsteht dann ein Brotteig, der gut durchgeknetet werden muss. Schließlich lässt man den Teig ruhen und formt anschließend Brotlaibe daraus. So heißt der zu Brot geformte Teig. Diese Brotlaibe schiebt man dann in den Ofen. Ist das Brot knusprig gebacken, kommt es aus dem Ofen und fertig ist es. Das, was ihr jetzt von mir gehört habt, ist die bisher kürzeste Brotbackherstellungserklärung aller Zeiten«, lacht der Bäcker. »Habt ihr jetzt noch Fragen?«, will er von den beiden wissen. »Nö. Alles klar«, sagen Nelly und Felix im Chor. »Schön, dass ihr da wart. Nun muss ich aber auch wieder an die Arbeit«, verabschiedet sich der Bäcker und ist im nächsten Moment zwischen den Brotregalen verschwunden.

Kurze Zeit später stehen Nelly und Felix mit Moppel und Mücke vor der Bäckerei. »Das war ja spannend«, hört man Moppel quaken. »Wahnsinn, was die kleinen Körner für eine große Abenteuerreise machen, bevor sie zu einem Brot werden und man es dann essen kann«, lacht Mücke. Gutgelaunt laufen sie zurück zum Camp, denn sie haben noch eine Menge vor.

Alles ist möglich

Der letzte Camp-Tag ist angebrochen. Heute steht noch ein spannendes Spiel gegen eine Mannschaft aus dem Ort an. Es wird erzählt, dass es ein starkes Team ist - mit knallharten Schüssen, raffinierten Aktionen und vielen Siegen. Alle Kicker aus dem Camp von Felix haben Respekt vor ihren Gegnern. Ingo bekommt die Unsicherheit in den Gesprächen seiner Fußballer mit und muntert sein Team auf. »Habt Spaß und zeigt, was ihr gelernt habt«, motiviert Trainer Ingo sein Team. Während die Spieler auf den Platz laufen, machen es sich Moppel und Mücke am Rand des Fußballfeldes gemütlich. Der Anpfiff ertönt und das Spiel beginnt. Beide Mannschaften geben ihr Bestes. Jedoch das ersehnte Tor bleibt vorerst aus. Dann klappt es endlich. Jubelschreie! Doch, was ist das? Birk bricht in Tränen aus. »Wie ärgerlich ist das denn? Ich wollte den Ball doch nur abwehren. Habe ich ihn durch meine Aktion jetzt tatsächlich im eigenen Tor versenkt?«, jammert er verzweifelt. An den enttäuschten Gesichtern seiner Mitspieler erkennt er, dass seine Vermutung wahr ist. Da kommt Nelly und stupst Birk an die Schulter. »Kopf hoch und weiterkämpfen. Noch ist nichts verloren«, flüstert Nelly Birk zu. Das Spiel geht weiter. Nach dem ersten Schreck, geben sie dann wieder alles. Jedoch will der Mannschaft von Nelly einfach kein Tor gelingen. Dafür schafft die gegnerische Mannschaft kurz vor der Halbzeit durch ihren laufstarken Spieler Mats noch das 2:0.

In der Halbzeit nimmt Ingo sein Team mit in die Kabine. »Macht nicht so trübe Gesichter«, beginnt er. »Ihr wisst, es ist ein schwieriger Gegner. Auch Eigentore sind ärgerlich, können jedoch passieren. Aber danach muss weitergekämpft werden. Zusammen im Team. Vorwürfe sind unangebracht.« »Na toll, jetzt liegen wir aber schon 0:2 zurück. Wie sollen wir das jemals aufholen?«, murrt Birk. »Mit dieser Einstellung gar nicht«, schüttelt Ingo den Kopf.

»Ich weiß, was in euch steckt. Fußball wird nicht nur mit dem Ball entschieden, sondern auch mit dem Kopf. Und denkt an die Standardsituationen, die wir immer wieder geübt haben. Die meisten Tore entstehen so. Wisst ihr noch, welche das sind?«, fragt Ingo und schaut in die Runde.

»Einwürfe«, ruft Nelly. »Eckbälle«, ergänzt Niklas. »Elfmeter und Freistöße«, setzt Felix hinzu.

»Ja genau, um nur einige zu nennen. Aber nun, gebt noch einmal alles! Ich möchte von euch Einsatz bis zur letzten Sekunde sehen. Man gewinnt und verliert immer zusammen als Team«, erinnert Ingo seine Mannschaft.

Die zweite Halbzeit läuft gut an. Mit vollem Einsatz gelingt es Niklas, dem Gegner den Ball abzunehmen. Er passt ihn zu Felix, dieser dribbelt den Gegner geschickt aus und schießt den Ball nach vorn zu Nelly, die sich freigelaufen hat.

Sie nutzt die Chance und schiebt den Ball gekonnt in die rechte untere Ecke des Tores. »1:2«, jubeln sie.

Die Schüsse der gegnerischen Mannschaft sind knallhart, aber der Torwart hält alles. Flink schnappt sich Nelly den Ball, gibt ab zu Maxi, der ihn zu Felix weiterlaufen lässt. Mücke hält es vor Aufregung nicht mehr an ihrem Platz aus und fliegt wie der Blitz zu Felix, um ganz nah dabei zu sein. Ehe sich der Gegner versieht, zappelt der Ball im Netz.

Felix ist es gelungen, das Ausgleichstor zu erzielen. »Weiter so, jetzt können wir es wirklich noch schaffen«, ruft Felix seinen Mitspielern aufmunternd zu. »Lasst uns keine Zeit verlieren, es sind nur noch wenige Minuten bis zum Spielende.«

Da ergreift Niklas die letzte Chance und bricht durch die Abwehr. Er schießt den Ball mit voller Wucht und erwischt Mücke. »Oh je«, quakt Moppel von Weitem entsetzt, der sieht, dass Mücke sich krampfhaft am Ball festhält und zusammen mit ihm direkt ins Tor fliegt. »Toooooor«, jubeln alle und freuen sich über das entscheidende Siegertor. Nur Mücke kann nicht jubeln, denn sie hat sich im Netz verfangen. Moppel, der das Unglück aus der Ferne gesehen hat, springt so schnell er kann zu Mücke, um ihr zu helfen. Das Spiel wird abgepfiffen und die Spieler fallen sich glücklich in die Arme. Dann klatschen sie ihre Gegner ab und kommen auf Ingo zugelaufen. »Prima gemacht! Ich bin stolz auf euch. Da sieht man mal wieder, dass bis zum Ende alles möglich ist und dass sich regelmäßiges Training lohnt«, sagt Ingo glücklich.

Ergreifende Worte

Nach dem erfolgreichen Spiel trommelt Trainer Ingo seine Teilnehmer zusammen, um ein abschließendes Feedback zum Camp zu geben. »Unglaublich, wie ihr mir in der kurzen Zeit ans Herz gewachsen seid«, beginnt er seine kleine Abschlussrede. »Wir haben zusammen viele Höhen und Tiefen durchlebt. Ihr musstet lernen, mit Niederlagen umzugehen, Regeln einzuhalten und habt erfahren, wie wichtig die richtige Ernährung ist. Und zu guter Letzt habt ihr einige Highlights der Metropole Ruhr kennengelernt.« Ingo blickt in die Runde und spricht weiter. »Wenn man bedenkt, dass aus zusammengewürfelten Spielern aus ganz Deutschland letztendlich ein so tolles Team entstanden ist. Man kann sogar sagen, dass aus einem wirren Durcheinander, ein tolles Miteinander geworden ist. Ich bin sehr stolz auf euch. Danke!« Nelly meldet sich zu Wort und schwärmt. »Wahnsinn, wie viel Spaß wir zusammen hatten und wie viele neue Freunde wir gefunden haben.« Verträumt schaut sie zu Felix. »Ja«, ruft Maxi dazwischen. »Sogar aus Birk ist ein prima Kumpel geworden.« Dann übernimmt Ingo noch einmal das Wort. »Ihr habt alle eine tolle Entwicklung hingelegt. Ihr habt gelernt, wie wichtig Selbstständigkeit, Teamgeist und Ordnung beim Sport sind. So nimmt jeder Einzelne von euch etwas mit nach Hause. Und nun packt eure Sachen! Wir treffen uns in 30 Minuten zur Siegerehrung und Verabschiedung auf dem Platz.«

Camp-Siegerehrung

Der letzte Camp-Tag neigt sich dem Ende. Die Stimmung ist dennoch gut, denn der Höhepunkt eines jeden Camps der Fußballfabrik ist die feierliche Siegerehrung in Anwesenheit aller Eltern und Gäste. Uli, ein langjähriger Freund von Ingo und Trainer der ersten Stunde, ist extra zu diesem Anlass erschienen und überreicht die Pokale. Die Eltern bilden ein Spalier, durch welches die Kicker stolz zum Platz marschieren. Die Aufregung steigt, denn heute werden Auszeichnungen für alle stattgefundenen Wettkämpfe vergeben. »Unfassbar, was wir in diesen vier Tagen alles erlebt und gelernt haben«, hört man Felix staunend sagen, der stolz seinen ersten Dribbelkönigpokal in der Hand hält. »Schade, dass es so schnell vorbeigegangen ist«, murmelt auch Niklas. Dann klatschen sich alle ab und verabschieden sich voneinander. Mit Pokalen, Medaillen und Urkunden im Gepäck reisen die Camp-Teilnehmer glücklich nach Hause. Langsam leert sich der Platz. Nur Uli, Felix, Nelly, Moppel und Mücke bleiben zurück, denn

sie haben für heute noch etwas ganz Besonderes vorbereitet. »Meinst du unsere Überraschung klappt und wir schaffen es, Ingo sprachlos zu machen?«, fragt Nelly aufgeregt in die Runde. »Das wird schon. Er wird bestimmt große Augen machen und ganz schön staunen«, sagt Uli beruhigend und schmunzelt. Nelly möchte mit ihren Freunden das UEFA-Cup-Spiel von 1997 mit gemischten Tiermannschaften nachstellen.

Damals gelang ihrem Vater Ingo Anderbrügge beim Elfmeterschießen im Finalspiel Schalke gegen Inter Mailand das erste Tor des Spiels. Mitten auf dem Fußballplatz hat sie dafür mit Steinen, Blättern und Stöckchen ein winziges Fußballfeld und Tore aufgebaut. Ingo hatte sich über Nellys Verhalten in den letzten zwei Tagen schon sehr gewundert, denn sie war mit ihren Gedanken immer ganz woanders. Aber nun ist es endlich soweit, alles ist vorbereitet und Uli gibt das Startzeichen, woraufhin Nelly beginnt: »Als Dankeschön für all unsere gemeinsamen Fußball-Highlights möchten wir dir heute eine Freude bereiten. Guck, hier findet jetzt für dich

ein Fußballspiel der ganz besonderen Art statt.« Ingo starrt erst auf den Platz, dann schaut er Nelly an. »Aber der Fußballplatz ist leer«, hört man ihn irritiert sagen. Er schaut Nelly besorgt an. »Geht's dir nicht gut?«, will er wissen. Nelly grinst über ihr ganzes Gesicht. »Doch«, sagt sie schmunzelnd. »Ich sagte doch schon, es ist ein ganz besonderes Spiel. Sieh doch mal ganz genau hin!« Tatsächlich, beim zweiten Hinschauen, sieht Ingo ein kleines, mit Kieselsteinen abgestecktes Fußballfeld und zwei aus Stöcken gebastelte kleine Tore. Ingo traut seinen Augen kaum. »Wer soll denn da bitteschön Fußball spielen? Gartenzwerge, oder was?«, fragt er besorgt. »Mensch, Nelly, geht deine Fantasie jetzt mit dir durch?« Nun tritt Uli hinzu, der Felix und Nelly bei den Vorbereitungen geholfen hat und immer zur Stelle ist, wenn er gebraucht wird. Er gibt Ingo einen freundschaftlichen Klaps auf die Schulter und sagt: »Wart's ab, Ingo. Gleich wirst du richtig staunen.« Dann fordert er Ingo auf, sich auf den abgebrochenen Ast zu setzen, den die Kinder als Sitzgelegenheit herangeschleppt haben.

UEFA-Pokal der Tiere

Eine Fußballhymne erklingt und die zwei gemischten Tiermannschaften hüpfen auf den Platz. Moppel unterstützt die Fellohren in den weiß-blauen Trikots im Mittelfeld. Ingo reibt sich die Augen. »Wach' ich oder träum' ich?«, fragt er und kann nicht begreifen, was dort gerade geschieht. Der Anpfiff ertönt und die Jagd nach dem Ball beginnt. Zur Halbzeit steht es 0:0. Beide Mannschaften spielen mit vollem Einsatz. Um alles in der Welt wollen sie eine Verlängerung oder ein Elfmeterschießen vermeiden, jedoch ohne Erfolg. Nach Ende der Verlängerung ist das Elfmeterschießen unausweichlich. Die Spannung steigt, die Luft knistert. Keiner wagt es, den ersten Schuss abzugeben. Mücke zittert vor Aufregung. »Moppel, schieß du, du schaffst das!«, ruft sie aufmunternd. Sie zwinkert ihm zu, dann geht alles blitzschnell.

Moppel sieht, dass Mücke auf die rechte obere Ecke des Tores zeigt. Hochkonzentriert geht er in Position. Mit dem linken Fuß schießt er den Ball mit großer Wucht ins Tor.

Moppels Mannschaft ist es gelungen, in Führung zu gehen. Und mit einem spannenden Elfmeterschießen gewinnen sie schließlich das Spiel.

»Klasse, wie ihr das hinbekommen habt. Genau wie 1997 beim UEFA-Cup-Finale in Mailand, wo wir Schalker die Nerven behalten und am Ende den Pokal nach Hause gebracht haben. Danke!«, sagt er mit leuchtenden Augen. Er schaut erst Nelly, dann Felix an und spricht mit zittriger Stimme. »Und der Frosch war dann nun wohl ich?«, fragt er schmunzelnd. Nelly nickt und reicht Ingo einen Pokal, der aussieht wie der UEFA-Pokal von Ingos Sieg damals, nur wesentlich kleiner. Diesen überreicht Ingo dann feierlich dem stolzen Moppel. Als sie den Platz verlassen, wartet bereits die Familie von Felix, um ihn vom Camp abzuholen. Felix hört schon von Weitem mit hoher Stimme seine kleine Schwester Yara freudig rufen: »Feeeeelix. Ich habe dich soooo vermisst.«
Sie fallen sich in die Arme, dann fängt Felix auch gleich an zu schwärmen: »Es war total klasse. Hier habe ich nicht nur tolle Fußballtricks gelernt, sondern auch viele neue Freunde gefunden.«

Währenddessen schaut sich Nelly suchend nach Moppel und Mücke um. Da sieht sie einen kleinen roten Zipfel von Mückes Kleidchen aus Felix' Reisetasche heraushängen. Gleichzeitig bewegt sich die Tasche. Nelly rennt hin, hockt sich davor und hört, wie sich Moppel und Mücke angeregt unterhalten. »Was wir schon alles erlebt haben! Auch wenn es hier im Ruhrgebiet wunderschön und aufregend war, freue ich mich jetzt auf meine kleine idyllische Blütenstadt Werder an der Havel. Wir dürfen bei aller Reiserei nicht unsere Heimat vergessen«, summt Mücke. »Quakelaquak, seine Heimat kann man gar nicht vergessen. Ich fand es hier auch sehr schön, freue mich aber schon wieder sehr auf mein Seerosenblatt«, quakt Moppel. Als sie ihr Gespräch beendet haben, spricht Nelly in Richtung Tasche: »Moppel und Mücke, hört ihr mich? Müsst ihr denn wirklich wieder mit zurück nach Werder? Könnt ihr nicht noch bleiben? Hier gibt es noch so viel zu entdecken.« Da hört sie aus der Tasche ein zartes Stimmchen: »Summserummsumm, wir würden ja gern noch bleiben, aber unsere Freunde werden sich schon

wundern, wo wir so lange bleiben.«
»Na Nelly, redest du mit meiner Tasche?«, fragt Felix. Während Mücke aus der Tasche fliegt, dreht Nelly sich mit Tränen in den Augen ganz langsam zu Felix um und schaut zu ihm hoch. »Pass mir schön auf dich und unsere kleinen Freunde auf, ich vermisse euch jetzt schon!«, jammert Nelly. »Ach, sei nicht traurig, wir sehen uns bestimmt bald wieder. Vielleicht sogar schon bei einem Camp auf der Nordseeinsel Borkum«, sagt Felix aufmunternd und nimmt die schluchzende Nelly in den Arm. Mit Moppel und Mücke im Gepäck reist Felix zurück in seine Heimat …

Mit Fußballrezepten vom Weltmeister-Koch

Holger Stromberg
Ernährungscoach und Weltmeister-Koch, der von 2007 bis 2017 für die Deutsche Fußballnationalmannschaft gekocht hat

Liebe Fußballer und Fußballerinnen,

ich möchte Euch einige Informationen, goldene Regeln und Rezepte an die Hand geben, die in der Vergangenheit bisher nur unsere Nationalmannschaft von mir bekommen hat. Damit fällt es Euch im Alltag und beim Sport leichter, die richtigen Lebensmittel, Gerichte und Getränke auszusuchen.

Für mich ist Euer Erfolg eine echte Herzensangelegenheit. Ich wünsche Euch eine super Fußballzeit und ganz viele Tore.

Euer
Holger Stromberg

– ANPFIFF –

Porridge
Himbeeren | Waldhonig

MENGE	ZUTATEN
	4 PERSONEN
140g	Haferflocken
400ml	Heumilch 3,5%
400ml	Wasser
1 Msp.	Salz
80g	TK Himbeeren
	Waldhonig

Zubereitung:

Milch, Wasser und Salz in einen Topf geben und aufkochen. Flocken zugeben und bei mittlerer Hitze unter ständigem Rühren für 3 Minuten köcheln lassen. Anschließend in tiefe Teller oder Bowls füllen, die noch gefrorenen Himbeeren darüber verteilen und servieren

Mit Waldhonig nach persönlichem Geschmack süßen.

Tip:

Wer auf Kuhmilch verzichten möchte, bereitet das Porridge mit Mandelmilch statt Heumilch und Wasser zu. Schmeckt meisterlich!

– HALBZEIT –

Gebratener Naturreis
(Spiegel-Ei) | Brokkoli | Süßkartoffel

Zubereitung:

Naturreis nach Verpackungsanleitung kochen.

Brokkoli und Süßkartoffel raspeln. Beides mit großer Hitze und einer Prise Salz und Öl 2 Minuten anbraten. Anschließend den Naturreis hinzugeben und nochmals 2 Minuten anschwitzen.

In eine weitere Pfanne Rapsöl geben und die Eier hineinschlagen. Nach 2 Minuten die Eier wenden und auf der Eigelbseite für einige Sekunden anbraten. Mit etwas Salz würzen.

* falls dieses Gericht für außer Haus gedacht ist, das Ei durchbraten.

Tip:

Bitte verwendet ausschließlich Natursalze für Eure Speisen, wie z.B. Luisenhaller Tiefensalz oder Meersalz

MENGE	ZUTATEN 4 PERSONEN
140g	Brokkoli
160g	Süsskartoffel
400g	gekochter Naturreis
1 Prise	Salz
2 EL	Kokosöl, oder Rapsöl
4	Eier Klasse: 0, oder 200g Tofu in Würfel geschnitten
1 EL	Rapsöl, oder Butter
1 Prise	Salz

– ANGRIFF –

Müsliriegel
Dinkelpops | Dunkle Schokolade | Brombeer-Pulver

MENGE	ZUTATEN
	4 PERSONEN
100 g	Dinkelpops
160 g	Zart-Bitter-Schokolade (70% Kakao)
1	Vanilleschote
1 Prise	Salz
12 g	Brombeeren, gefriergetrocknet

Zubereitung:

Schokolade schmelzen und das Mark der Vanilleschote unterrühren. Dinkelpops hinzugeben und gut vermengen.

Die Masse ca. 3 cm hoch in eine beschichtete oder ausgekleidete Form einfüllen und etwas andrücken.

Brombeeren im Mixer mahlen und darauf verteilen. Kalt stellen und nach dem Aushärten in Riegel teilen.

Tip:

Statt Vanille können weitere oder andere Gewürze verwendet werden, wie z.B. Zimt oder Kardamom.

Die Riegel können zudem mit bunten, getrockneten Lebensmitteln dekoriert werden, wie Kornblumenblüte Kokosraspeln, Kürbis- oder Sonnenblumenkernen etc.

– ABPFIFF –

Strammer Max

Roggenbrot | Kidneybohnen | Babyspinat-Omlette | Kirschtomaten | Kurkuma

Zubereitung:

Roggenbrot in einer Pfanne mit Öl auf beiden Seiten anrösten oder mit Öl bestreichen und im Toaster rösten.

Eier aufschlagen und mit Salz und Kurkuma vermengen. Kirschtomaten halbieren.

Kidneybohnen mit Kokosöl in einer Pfanne für 2 Minuten braten. Kirschtomaten und Babyspinat hinzugeben und kurz mit anschwitzen.

Den Herd auf kleine bis mittlere Hitze stellen und die Kurkuma-Ei-Masse aufgießen. Mit einem Deckel zugedeckt 3 Minuten garen und anschließend auf einen Teller stürzen.

MENGE	ZUTATEN 4 PERSONEN
25 g	Kokosöl oder Rapsöl
4 Scheiben	Roggenbrot (zirka 60 g)
1 Prise	Salz
4	Eier, Klasse: 0
15 g	Kokosöl oder Rapsöl
120 g	Kidneybohnen
1 Prise	Salz
1 g	Kurkuma (Pulver)
40 g	Babyspinat, gewaschen
40 g	Kirschtomaten

– POWERKICK –

Zitronenlimonade

MENGE	ZUTATEN
	4 PERSONEN
2 Stück	Bio-Zitronen
400 ml	Mineralwasser
3 TL	Waldhonig
100 g	Eiswürfel

Zubereitung:

Die Zitronen auspressen,
mit Wasser und Honig vermengen.

Mit oder ohne Eiswürfel servieren.

Holger Strombergs 11 goldene Ernährungsregeln

1. Schenke deinem Körper mehr Aufmerksamkeit als dem (Fuß)Ball!
2. Jedes Getränk und jede Speise hat Auswirkungen auf deine Leistung!
3. Bessere Zutaten geben mehr Power für all deine Körperfunktionen!
4. Vertraue deiner Körpersprache und höre auf dein Gefühl!
5. Sei offen für neue Speisen - sei ein Entdecker!
6. Iss bunt und abwechslungsreich!
7. Probiere neue Ernährungs-Taktiken, bis du den Erfolg deutlich spürst!
8. Sei ein Profi und organisiere auch deine Ernährung!
9. Ganz wichtig: ausreichend trinken, und zwar am besten natürliches Mineralwasser!
10. Keiner weiß es besser als du selbst: iss, was dir wirklich guttut!
11. Nehmt eure Eltern, Trainer und Freunde an die Besser-Esser-Hand und teilt eure Erfahrungen mit ihnen... wie cool gut essen ist!

Die Abenteuer von Moppel und Mücke
– Die Bücher Band 1 und Band 2 –

Band 1 (2015): In und um Werder (Havel)

ISBN: 978-3-947319-00-8
Hardcover, 112 Seiten
Preis: 11,99 €

Band 2 (2017): Kultur und Freizeit in Potsdam

ISBN: 978-3-947319-02-2
Hardcover, 128 Seiten
Preis: 13,99 €

Eine große Freundschaft zwischen einem Frosch und einer Mücke. Das gibt es nicht? Oh doch! Bei Moppel und Mücke passiert genau das. Mit viel Fantasie, Witz und Spannung wird erzählt, was die beiden zusammen erleben, wie sie miteinander und voneinander lernen. Während sie in Band 1 ihre Heimat Werder erkunden, entdecken sie in Band 2 die schöne Landeshauptstadt Potsdam.

Ein Buch für die ganze Familie. Die Kleinen bekommen Lust, die Abenteuer der beiden nachzuerleben. Erwachsene lernen ihre Heimat besser kennen und Urlauber können gezielt Ausflugstipps nutzen. Für beide Bücher gibt es auch die passenden Ausmal- und Mitmachhefte.

www.moppelundmuecke.de | www.facebook.com/moppelundmuecke

Das Hörspiel
Best of Moppel und Mücke

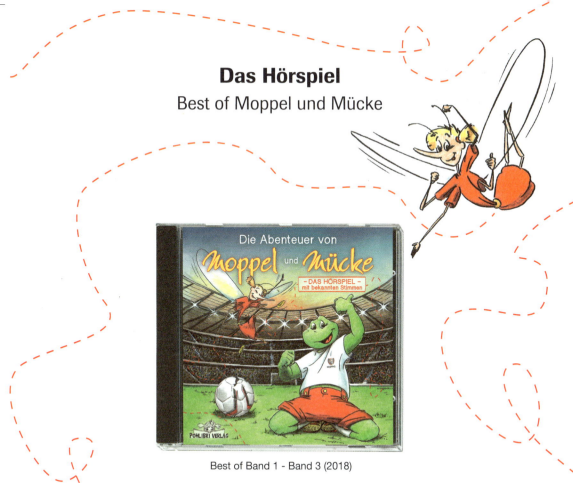

Best of Band 1 - Band 3 (2018)

ISBN: 978-3-947319-05-3

Hörspiel-CD, Laufzeit: ca. 60 Minuten

Preis: 9,99 €

Zauberhafte Hörspiel-CD mit namhaften Sprecherstimmen:

Erzähler: **Martin Brambach**, Moppel: **Tim Sander**, Mücke: **Luisa Wietzorek**, Trainer Ingo: **Ingo Anderbrügge**, Trainer Uli und Kalle Kaninchen: **Uli Turowski**, Felix: **Carlos Fanselow**, Nelly: **Hedda Erlebach**, Libela: **Christine Sommer,** Birk: **Simon Halaski**

In dem ersten Hörspiel lassen sich Moppel und Mücke vom Fußballfieber anstecken, lernen neue Freunde kennen und erleben spannende Abenteuer in Nordrhein-Westfalen. Zwischendurch schwelgen sie immer wieder in Erinnerungen an ihre gemeinsam erlebten Abenteuer in ihrer Heimat Werder (Havel) und in Potsdam.

Mehr Produkte bei uns im Shop: www.shop.pohlibri-verlag.de